D1129220

To the Reader . . .

The books in this series include Hispanics from the United States, Spain, and Latin America, as well as from other countries. Just as your parents and teachers play an important role in your life today, the people in these books have been important in shaping the world in which you live today. Many of these Hispanics lived long ago and far away. They discovered new lands, built settlements, fought for freedom, made laws, wrote books, and produced great works of art. All of these contributions were a part of the development of the United States and its rich and varied cultural heritage.

These Hispanics had one thing in common. They had goals, and they did whatever was necessary to achieve those goals, often against great odds. What we see in these people are dedicated, energetic men and women who had the ability to change the world to make it a better place. They can be your role models. Enjoy these books and learn from their examples.

Frank de Varona
General Consulting Editor

General Consulting Editor
Frank de Varona
Associate Superintendent
Bureau of Education
Dade County, Florida, Public Schools

Consultant and Translator
Alma Flor Ada
Professor of Education
University of San Francisco

Editorial
Barbara J. Behm, Project Editor
Judith Smart, Editor-in-Chief

Art/Production
Suzanne Beck, Art Director
Kathleen A. Hartnett, Designer
Carole Kramer, Designer
Eileen Rickey, Typesetter
Andrew Rupniewski, Production Manager

Copyright © 1993 Steck-Vaughn Company

Copyright © 1990 Raintree Publishers Limited Partnership

All rights reserved. No part of the material protected by this copyright may be reproduced or utilized in any form by any means, electronic or mechanical, including photocopying, recording, or by any information storage and retrieval system, without permission in writing from the copyright owner. Requests for permission to make copies of any part of the work should be mailed to: Copyright Permissions, Steck-Vaughn Company, P.O. Box 26015, Austin, TX 78755. Printed in the United States of America.

Library of Congress number: 89-38079

Library of Congress Cataloging in Publication Data
de Varona, Frank
    Bernardo de Gálvez.
    (Raintree Hispanic stories)
    English and Spanish.
    Summary: A biography of the Spanish governor who raised a seven-thousand-soldier army to drive the British out of the Mississippi Valley and the Gulf of Mexico during the Revolutionary War in America.
    1. Gálvez, Bernardo de, 1746–1786—Juvenile literature. 2. Louisiana—Governors—Biography—Juvenile literature. 3. Mississippi River Valley—History—Revolution, 1775–1783—Juvenile literature. 4. Florida—History—Revolution, 1775–1783—Juvenile literature. 5. Louisiana—History—To 1803—Juvenile literature. 6. United States—History—Revolution, 1775–1783—Participation, Spanish—Juvenile literature. [1. Gálvez, Bernardo de, 1746–1786. 2. Governors. 3. United States—History—Revolution, 1775–1783—Participation, Spanish. 4. Spanish language materials—Bilingual.] I. Title. II. Series.
    F373.G252D4 1989 976.3'03'092 [B] [92] 89-38079

ISBN 0-8172-3379-2 hardcover library binding

ISBN 0-8114-6756-2 softcover binding

    3 4 5 6 7 8 9 0 97 96 95 94

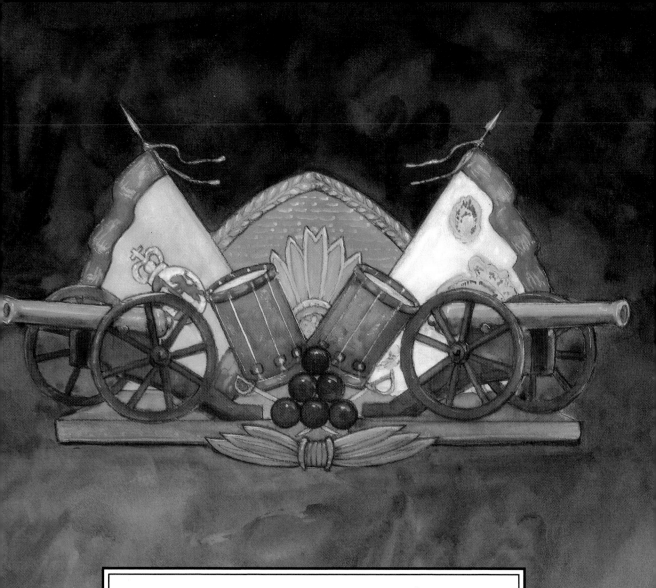

BERNARDO DE GÁLVEZ

Frank de Varona
Illustrated by Tom Redman

RSVP
RAINTREE
STECK-VAUGHN
PUBLISHERS
The Steck-Vaughn Company

Bernardo de Gálvez was born in 1746 in a mountain village near Málaga, in the southern part of Spain. Bernardo was a strong boy. He loved to play sports, ride horses, and read.

Bernardo liked to hear his father, Matías, tell stories about the deeds of Gálvez family soldiers of the past. Young Bernardo learned that many of his ancestors had fought against the Moors. These were people from North Africa who had once conquered and ruled most of Spain.

At the age of sixteen, Bernardo, like his father, joined the army. While he was still a cadet (student) in a military academy, Spain declared war on Portugal. Bernardo served as a volunteer and had the rank of infantry lieutenant. (Infantry troops are those that fight on foot.)

Bernardo de Gálvez nació en 1746 en un pueblo montañoso cerca de Málaga, al sur de España. Bernardo era un chico fuerte. Le encantaba hacer deportes, montar a caballo y leer.

A Bernardo le gustaba oír a su padre, Matías, relatar las hazañas de los soldados de la familia Gálvez del pasado. El joven Bernardo supo así que muchos de sus antecesores habían peleado contra los moros. Los moros habían venido del norte de África y habían conquistado y dominado casi toda España.

A los dieciséis años, Bernardo ingresó en el ejército, como lo había hecho su padre. Mientras era cadete en una academia militar, España le declaró la guerra a Portugal. Bernardo se enlistó como voluntario y tuvo el rango de teniente de infantería. (Las tropas de infantería son las que pelean a pie.)

In 1765, Gálvez, now a captain, was assigned to Mexico. At that time, Mexico, as well as most of the rest of the Americas, belonged to Spain. Mexico was part of the area known as New Spain, which extended into what are now the southwestern states of the United States. Little did the nineteen-year-old captain suspect that one day his father—and later he—would govern this vast territory.

Gálvez was sent to fight the Apaches several times during his seven years in Mexico. The Apaches did not like the Spanish moving onto their land. The Indians attacked the settlements and farms in the northern frontier of New Spain. Gálvez showed great boldness and daring and was injured twice in these battles against the Apaches.

En 1765, Gálvez, que ya era capitán, fue asignado a México, que pertenecía como la mayor parte de las Américas, a España. México era parte del área conocida como Nueva España, que se extendía hasta lo que es hoy el sudoeste de los Estados Unidos. El capitán de diecinueve años no podía sospechar que un día su padre —y más tarde él mismo— gobernarían ese vasto territorio.

A Gálvez lo enviaron a pelear contra los apaches varias veces durante los siete años que estuvo en México. A los apaches no les gustaba que los españoles invadieran sus tierras. Los indios atacaban las poblaciones y haciendas en la frontera norteña de la Nueva España. Gálvez demostró gran valentía y coraje. Fue herido dos veces en esas batallas contra los apaches.

Upon his return to Spain, Gálvez requested an assignment in France. He remained there for three years and learned to speak French. This would prove to be most useful to him in the future.

Spain became involved in another war. Gálvez joined the military expedition against Algiers, in North Africa. The invasion failed. Gálvez was seriously wounded. He showed great courage when he refused medical treatment until his troops were withdrawn and safe.

A su regreso a España, Gálvez solicitó que lo enviaran a Francia. Estuvo allí por tres años y aprendió a hablar francés. Este conocimiento le sería utilísimo en el futuro.

España se vio envuelta en otra guerra. Gálvez se unió a la expedición militar contra Algeria, en el norte de África. La invasión francasó. Gálvez fue gravemente herído. Demostró gran valor al rehusar tratamiento médico hasta que sus tropas se hubieran retirado y estuvieran a salvo.

In 1776, Bernardo de Gálvez was sent to the Spanish-owned Louisiana Territory as colonel of the regiment. The Louisiana Territory extended from the Gulf of Mexico to Canada and from the Mississippi River to the Rocky Mountains.

The Louisiana Territory had once belonged to France. France had given the land to Spain for its help during a war against Britain.

A year before Gálvez's arrival in New Orleans, the capital of the territory, the Revolutionary War had started between Britain and its thirteen colonies in North America. After fifteen months of fighting, on July 4, 1776, the North American colonies declared their independence from Britain.

En 1776, Bernardo de Gálvez, con el rango de coronel del regimiento, fue enviado al territorio de Luisiana que pertenecía a España. El territorio de Luisiana se extendía desde el Golfo de México hasta el Canadá y desde el río Mississippi hasta las Montañas Rocosas.

El territorio de Luisiana le había pertenecido a Francia. Francia se lo había cedido a España en agradecimiento por haberla ayudado en una guerra contra Inglaterra.

Un año antes de que Gálvez llegara a Nueva Orleáns, la capital del territorio, había estallado la Guerra de Independencia entre Inglaterra y las trece colonias de la América del Norte. Después de quince meses de lucha, el 4 de julio de 1776, las colonias norteamericanas declararon la independencia de Gran Bretaña.

The Revolutionary War in America presented a great opportunity for France and Spain. Both nations had been defeated by Britain in previous wars. Now the war in the thirteen colonies gave France and Spain the chance to defeat the British.

Bernardo's uncle, José de Gálvez, had been named minister of Indies by Charles III, the king of Spain. As minister of Indies, he was in charge of all Spanish territories in the New World. Bernardo's father was appointed captain general of Guatemala in Central America. He acted as governor and was head of the Spanish army in Guatemala.

La Guerra de Independencia de los Estados Unidos le ofrecía una gran oportunidad a Francia y a España. Ambas naciones habían sido derrotadas por Inglaterra en guerras previas. Ahora la guerra de las trece colonias les daba a Francia y a España la oportunidad de derrotar a los ingleses.

El tío de Bernardo, José de Gálvez, había sido nombrado ministro de Indias por Carlos III, rey de España. Como ministro de Indias estaba a cargo de todos los territorios españoles en el Nuevo Mundo. El padre de Bernardo fue nombrado capitán general de Guatemala, en la América Central. Oficiaba como gobernador y jefe del ejército español en Guatemala.

Soon after he came to New Orleans, Bernardo was named governor of the Louisiana Territory. His powerful uncle gave him suggestions on how to govern this large territory.

Gálvez's knowledge of French and his outgoing, friendly personality made him a popular governor. In 1777, he married Marie Felicite de Saint Maxent. Marie's father, Gilbert, was a respected leader of the French community in the Louisiana Territory. He would later help Gálvez in his many military campaigns.

Marie had a daughter, Adelaide, from a previous marriage. Bernardo and Marie had two daughters, Matilde and Guadalupe, and a son, Miguel.

Poco después de llegar a Nueva Orleáns, Bernardo fue nombrado gobernador del territorio de Luisiana. Su tío, que era muy poderoso, le dio sugerencias sobre cómo gobernar este territorio tan extenso.

La personalidad amable de Gálvez y su conocimiento del francés hicieron que gozara de popularidad como gobernador. En 1777 se casó con Marie Felicite de Saint Maxent. El padre de Marie, Gilbert, era un líder muy respetado por la comunidad francesa del territorio de Luisiana. Más adelante ayudaría a Gálvez en sus muchas campañas militares.

Marie tenía una hija, Adelaide, de un matrimonio anterior. Bernardo y Marie tuvieron dos hijas, Matilde y Guadalupe, y un hijo, Miguel.

Once in office, the twenty-nine-year-old governor began helping the American revolutionaries. He allowed the Americans to use the Louisiana Territory and ordered the British to leave it.

Gálvez captured eleven British ships. He began to send guns, gunpowder, bullets, blankets, medicine, and other supplies to the Americans. Some of this help reached the armies of General George Washington and General Henry Lee. The rest went to General George Rogers Clark, who was fighting in the Ohio Valley.

Una vez instalado en su cargo, el gobernador de veíntínueve años empezó a ayudar a los revolucionarios norteamericanos. Les permitió usar el territorio de Luisiana y ordenó a los ingleses que salieran de él.

Gálvez capturó once barcos ingleses. Empezó a enviar cañones, pólvora, balas, medicina y otras provisiones a los norteamericanos. Parte de esta ayuda les llegó a los ejércitos del general Jorge Washington y el general Henry Lee. El resto fue al general George Rogers Clark, que estaba peleando en el valle de Ohio.

In June 1779, Spain declared war on Britain. France had entered the war the year before. Now with the combined armies and navies of Spain and France, the Revolutionary War in America would be successful.

When the news of the declaration of war reached New Orleans, Gálvez immediately went to work. He raised a small army of 667 soldiers. His force was made up of soldiers from Spain, Mexico, and the island of Cuba. It also included 80 free African-Americans. As Gálvez's little army marched, 760 more soldiers joined him.

En junio de 1779, España le declaró la guerra a Inglaterra. Francia había entrado en la guerra el año anterior. Ahora con los ejércitos y las marinas combinadas de España y Francia, la Guerra de Independencia de los Estados Unidos podría tener éxito.

Cuando llegó a Nueva Orleáns la noticia de la declaración de guerra, Gálvez se puso a trabajar de inmediato. Organizó un pequeño ejército de 667 soldados. Lo formaban soldados de España, México y la isla de Cuba. También incluía a 80 afro-americanos libres. A medida que el pequeño ejército de Gálvez marchaba, se le fueron uniendo 760 soldados más.

On September 7, Gálvez surprised the British and captured Fort Bute, in Manchac, Louisiana. Two weeks later, he captured the fort at Baton Rouge, Louisiana. Five forts were overtaken by Gálvez, in total.

Within a few weeks, Gálvez had driven the British out of the Mississippi Valley. He had captured 1,000 British soldiers and many ships. Now at the age of thirty-three, he was promoted to brigadier general by the king of Spain.

El 7 de Septiembre, Gálvez sorprendió a los ingleses y capturó Fort Bute, en Manchas, Luisiana. Dos semanas después capturó el fuerte de Baton Rouge, Luisiana. Gálvez tomó cinco fuertes en total.

Después de unas semanas, Gálvez había expulsado a los ingleses del valle del Mississippi. Había capturado 1,000 soldados británicos y muchos barcos. Ahora a la edad de treinta y tres, fue promovido a brigadier general por el rey de España.

Upon hearing the news of Gálvez's success against the British, General Washington wrote to the Spanish diplomat in Pennsylvania on February 17, 1780:

". . . I am happy to congratulate you on this important success . . . these events will not only promote the common cause, but they will probably have a beneficial [helpful] influence on the affairs of the Southern states . . . ."

Now General Gálvez wanted to drive the British out of the Gulf of Mexico. He needed to capture Mobile, Alabama, and also Pensacola, Florida. He needed more soldiers, warships, and military supplies.

Después de oír las noticias del éxito de Gálvez en contra de los ingleses, el general Washington le escribió al diplomático español en Filadelfia el 17 de febrero de 1780:

"... Me alegro de felicitarlo por este éxito notable... estos sucesos no solamente ayudarán a la causa común, sino que probablemente tendrán una influencia beneficiosa en los asuntos de los estados del sur..."

Ahora el general Gálvez quería echar a los ingleses del Golfo de México. Necesitaba capturar Mobile en Alabama y Pensacola en la Florida. Necesitaba más soldados, buques de guerra y provisiones militares.

Raising a small army and receiving more troops from Cuba, General Gálvez marched his army to Fort Charlotte in Mobile. Before he attacked the fort, Gálvez developed a plan to protect civilian (nonmilitary) life and property.

After twenty-one days of fighting, the British at Fort Charlotte surrendered. After this victory, the king of Spain promoted Gálvez to field marshal in command of Spanish operations in America. He was also given the new title of governor of Louisiana and Mobile.

Gálvez now faced his toughest challenge of all: Pensacola. The city was defended by a British and American Indian army of approximately 2,500 soldiers. Two British warships patrolled the bay.

Después de organizar un pequeño ejército y de recibir más tropas de Cuba, el General Gálvez marchó con sus fuerzas a Fort Charlotte, en Mobile. Antes de atacar el fuerte, Gálvez concibió un plan para proteger la vida y las propiedades de los civiles (no militares).

Después de veintiún días de lucha, los ingleses de Fort Charlotte se rindieron. Después de esta victoria el rey de España promovió a Gálvez a mariscal de campo al comando de las operaciones españolas en América. También se le dio el nuevo título de gobernador de Luisiana y de Mobile.

Gálvez ahora se encontraba con el peor de todos los retos: Pensacola. La ciudad estaba defendida por un ejército de ingleses y de indios norteamericanos de aproximadamente 2,500 soldados. Dos buques de guerra británicos patrullaban la bahía.

A large expedition left Havana, Cuba. There were sailors and soldiers from Spain, Mexico, Cuba, and Puerto Rico. A Spanish naval commander was in charge of the ships, and Gálvez commanded the four thousand soldiers. Upon arrival at Pensacola, the Spanish naval commander's ship ran aground at the entrance of the bay. He did not want the rest of the ships to enter the bay, and Gálvez could not persuade him to change his mind.

General Gálvez refused to give up. He boarded a small ship and entered the bay, where he could be seen clearly by the British soldiers who were firing upon his ship.

U na gran expedición salió de La Habana en Cuba. La componían marineros y soldados de España, México, Cuba y Puerto Rico. Un comandante naval español estaba a cargo de los barcos. Y Gálvez estaba al mando de los cuatro mil soldados. Al llegar a Pensacola, el buque del comandante naval español encalló a la entrada de la bahía. Él no quiso que los demás barcos entraran en la bahía y Gálvez no le pudo hacer cambiar de idea.

El general Gálvez se negó a darse por vencido. Abordó un barco pequeño y entró en la bahía, donde los soldados británicos estaban disparándole a su barco y podían verlo claramente.

The Spanish naval commander was embarrassed. He now ordered the rest of the ships to enter the bay. The battle began. More troops from Havana joined Gálvez, who now had about seven thousand soldiers.

Gálvez was wounded in the left hand and in the stomach. After two months, the fighting at Pensacola ended when the gunpowder storage room in one of the British forts was hit by Spanish cannon fire. The fort was captured, and Pensacola surrendered on May 9, 1781. This was Gálvez's greatest military victory. The king of Spain promoted him to lieutenant general and also named him governor of West Florida and Louisiana. The king also gave him the title of count of Gálvez and a coat of arms.

El comandante naval español se sintió avergonzado. Y ordenó al resto de los barcos que entraran a la bahía. Comenzó la batalla. Más tropas de La Habana se unieron a Gálvez, que ya tenían como siete mil soldados.

A Gálvez lo hirieron en la mano izquierda y en el estómago. Después de dos meses, la lucha en Pensacola terminó cuando el fuego de los cañones españoles alcanzó el polvorín de uno de los fuertes británicos. El fuerte fue capturado y Pensacola se rindió el 9 de mayo de 1781. Éste fue el mayor triunfo militar de Gálvez. El rey de España lo promovió a teniente general y también lo nombró gobernador del oeste de la Florida y de Luisiana. El rey también le otorgó el título de conde de Gálvez y un escudo de armas.

A few months later, the British were defeated at the Battle of Yorktown. In 1783, the Treaty of Paris was signed. This treaty recognized the independence of the United States and established the new nation's borders.

Gálvez was appointed governor of Cuba. When his father died, Gálvez was appointed to succeed him as viceroy of New Spain. Gálvez was as popular in Mexico as he had been in his other assignments. He helped the poor and all other people with his usual energy and leadership. Gálvez died in 1786, and, like his father, was buried in Mexico City.

Bernardo de Gálvez lived only forty years, but he accomplished much. He fought bravely and decisively for his country. He contributed to the independence of the United States. He governed well the many territories given to him by the king of Spain. Above all, he was a kind and compassionate human being who always tried to help his soldiers and the people he governed.

U nos meses más tarde, los ingleses fueron derrotados en la batalla de Yorktown. En 1783, se firmó el tratado de París. Este tratado reconoció la independencia de los Estados Unidos y estableció las fronteras de la nueva nación.

Gálvez fue nombrado gobernador de Cuba. A la muerte de su padre, fue nombrado para sucederle como virrey de la Nueva España. Gálvez fue tan apreciado en México como lo había sido en sus otros cargos. Ayudó a los pobres y a las demás personas con su energía y dotes de mando usuales. Gálvez murió en 1786 y, al igual que su padre, fue enterrado en la ciudad de México.

Bernardo de Gálvez sólo vivió cuarenta años, pero logró mucho. Peleó con valentía y decisión por su país. Contribuyó a que se lograra la independencia de los Estados Unidos. Gobernó bien todos los territorios que le confiaba el rey de España. Y sobre todo fue una persona bondadosa y compasiva que trató siempre de ayudar a sus soldados y a las personas a quienes gobernaba.

GLOSSARY

ancestor   a person from whom one is descended

coat of arms   a shield, or drawing of a shield, with designs that symbolize family history

expedition   a journey undertaken for a certain purpose

invasion   an entering of a place to conquer it

regiment   a military unit

revolution   the attempted overthrow of a government

viceroy   the governor of a country or province who rules as a representative of a ruler such as a king

GLOSARIO

ancestro   persona de la que uno desciende

escudo de armas   escudo, o dibujo de un escudo, con diseños que simbolizan la historia familiar

expedición   viaje con un propósito determinado

invasión   entrada a un lugar para conquistarlo

regimiento   una unidad militar

revolución   intento de deponer un gobierno

virrey   gobernador de un país o provincia que gobierna en representación de otro, por ejemplo del rey